Bert Lauf

Das standesgemäße Extra für

Audi-Fahrer

gemein – lustig – lebensnah

Mit Illustrationen von
Oscar M. Barrientos

Eichborn Verlag

Die Deutsche Bibliothek – CIP-Einheitsaufnahme

Lauf, Bert:
Das standesgemässe Extra für Audi-Fahrer / Bert Lauf. –
Frankfurt am Main : Eichborn, 1992
ISBN 3-8218-2162-0

 Cover: Uwe Gruhle unter Verwendung einer Illustration
von Oscar M. Barrientos.
Gesamtherstellung: Fuldaer Verlagsanstalt GmbH.
ISBN 3-8218-2162-0
Verlagsverzeichnis schickt gern:
Eichborn Verlag, Hanauer Landstraße 175, D-6000 Frankfurt/Main

»Lieber vier Ringe als einen Stern.«

Hans-Joachim »Striezel« Stuck

»Lieber kranklachen als totfahren.«

Bert »Kitzel« Lauf

Inhalt

AUDI-GESCHICHTE:

Tohuwabohu vom Feinsten

Anfang/Mitte Januar 1868
Kaum ist Silvester gefeiert, legen sich Herr Horch, ein Schmied, und Frau Horch, eine Hausfrau, nieder, um Nachwuchs zu zeugen. Noch ahnt niemand, welche Bedeutung dieser Akt für die heutige AUDI AG haben wird.

12. Oktober 1868
Die Januar-Saat geht in Winningen an der Mosel auf: ein Sohn. Herr und Frau Horch nennen ihn August.

1899
Auf den Beerdigungszeremonien für Johann Strauß (Sohn) und Karl Millöcker denkt August Horch (mittlerweile herangereift zu einer Mischung aus Heinz Rühmann und Berti Vogts, wie alte Fotos belegen): »Welch wunderbare Töne haben diese Männer den Menschen geschenkt!«, und er beschließt: »Auch ich will Geräusche produzieren!«* Am 14. November gründet er in Köln-Ehrenfeld die Firma »Horch & Cie.«, erst eine Reparaturklitsche, aber nach dem Umzug nach Zwickau (1904) mit über 90 Mitarbeitern und den Modellen Horch 14/17 PS, Horch 18/22 PS und Horch 22/25 PS voll dabei im frühen Autogeschäft.

---

* Zitiert nach: Thomas Mann: Ausflüge mit August. S. Fischer Verlag. Berlin, 1913

1905

August hat einen Renn-Tick und läßt seine Horchs an den damals populären Wettbewerben teilnehmen (»Herkomerfahrt«, »Kaiserpreis-Rennen« u. ä.). Erst mit passablen Ergebnissen, dann zunehmend im abgeschlagenen Feld, mißtrauisch beäugt vom Horch-Vorstand (die Firma ist jetzt Aktiengesellschaft und nennt sich seit 1904 »Horch & Cie. Motorenwagen-Werke AG«).

1909

Am 17. Juni schreibt das für die Finanzen zuständige Vorstandsmitglied Emil Jacob Holler an August Horch: »Sie können sich wohl denken, daß ich keine Lust habe zuzusehen, wie das Geld, welches die kaufmännische Abteilung verdienen muß, auf derartige Art und Weise wieder hinausgeworfen wird.« Firmengründer August bekommt vom Horch-Vorstand einen Tritt, vergoldet mit 20 000 Reichsmark. August, frech wie Oskar, gründet auf der gegenüberliegenden Straßenseite die »August Horch Automobilwerke GmbH«. Die Ex-Kollegen schäumen und ziehen vor den Kadi. Der gibt ihnen recht. August Horch muß, aus Konkurrenzgründen, den neuen Firmennamen ändern.

1910

Gesagt, aber noch lange nicht getan. Eine attraktive Firmenbezeichnung will gut überlegt sein. »Brrrmmm, brrrmmm GmbH«? Zu kindisch. »AAA GmbH« (»Augusts ansprechende Autos GmbH»)? Zu gespreizt. Während China die Sklaverei abschafft, Ludwig Ganghofer seine Autobiographie schreibt, die Dauerwelle ihr einjähriges Jubiläum feiert und Käthe Kruse lebensechte Puppen bastelt, sitzt August Horch in Zwickau, bohrt im Ohr und brütet.

Der Groschen fällt, als er sich an sein Fremdsprachenstudium (Hessisch und Latein) während seines »Technikum«-Besuchs in Mittweida/Sachsen (ab 1887) erinnert. Wie heißt »Horch« in Hessen? Horsch! Oder: Horsche mal! »Horsche-mal-töff-töff GmbH«? Zuviel Apfelweingeschmack. Und wie sagt der Lateiner? Audi! Audi-Autos, das hat was! Und seit November 1910 ist's amtlich: »Audi Automobilwerke GmbH, Zwickau«.

Ein Kreuz können die heutigen Ingolstädter Nachgeborenen schlagen, daß August Horch nicht als August Hier zur Welt gekommen ist. Hier, lateinisch: Hic. Hic 80, Hic 100, Hic quattro ... »Wo arbeiten Sie?« »Bei der Hic AG.« Irgendwie bescheuert. Kelche, die ebenfalls vorübergegangen sind: August Mensch (Homo 80, Homo quattro, Homo AG); August Kein (Nulla AG).

Andererseits ist es ein bißchen schade, daß August Horch nicht August Glatt hieß. Glatt, lateinisch: Rasa. Rasa quattro! Röhrl im Rasa! Rasa AG! Scharf. Oder: August Nimm. Nimm = tolle. Tolle AG! Spitze.

Aber lassen wir das. »Audi«, da kann man eigentlich nicht meckern.

1910–1914

Audi wird zu einem der erfolgreichsten Pioniere der Alpenbelästigung. Der sogenannte »Typ C« (14/35 PS) gewinnt in Folge die »Alpenfahrten« der Jahre 1912, 1913, 1914.

1914–1918

Audi schießt mit. Mit Audi-Granaten.

1920

Das Jahr der wundersamen Wandlung August Horchs vom Autofreak zum Sesselfurzer. Er wechselt ins Berliner Wirtschaftsministerium (behält aber einen Sitz im Audi-Aufsichtsrat).

20er Jahre

In den »goldenen« sieht die Audi GmbH schwarz und schwärzer; unattraktiv gestylte und technisch konservative Modelle (»2-Liter-Typ G«, »5,6-Liter-Typ E«) fahren mit Vollgas in die roten Zahlen.

1928

Im selben Jahr, als van de Veldes »Die vollkommene Ehe« erscheint und General Motors sich Opel einverleibt, ist auch Audi mit dem Latein am Ende und wird von dem Dänen Jörgen Skafte Rasmussen übernommen, ein Zweiradspezialist und damals mit seinem DKW-

Werk größter Motorradproduzent der Welt. Ab 1928 stellt DKW auch Vierradfahrzeuge her, aber die Audi-Produktion wird fortgesetzt, ziemlich knirschend, bis hin ins Jahr 1932, als man nur 22 Wagen an die Käufer bringt.

1932

Audi ist nur einer von mehreren Happen, an denen sich Rasmussen schließlich verschluckt. Mit 2,3 Millionen Reichsmark Miesen hat er seinen Dispokredit ziemlich überzogen, und die Banker bestimmen, wo's langgeht: »Auto Union AG« heißt ein PS-Quartett, das 1932 durch ihren Druck entsteht. Vier Ringe als Markenzeichen stehen für die bereits liierten DKW und Audi, für Horch, Augusts ersten Betrieb, der sich mittlerweile als Hersteller von Edelkarossen einen Namen gemacht hat, und für »Wanderer«, ursprünglich ein Fahrrad- und Motorradproduzent, dann bekannt geworden vor allem durch das »Puppchen«, den ersten brauchbaren deutschen Kleinwagen.

1933–1945
Als Nazis und mit den Nazis laufen die Geschäfte wie geschmiert. Hitler päppelt seine nützlichen Propaganda-Idioten, und die Auto-Union-Rennwagen und die von Konkurrent Daimler-Benz beherrschen die internationalen Grand-Prix-Wettbewerbe zwischen 1934 und 1939.

Audi fällt unter dem Dach der Auto Union (bis zur vorläufigen Namenslöschung 1940) nur noch durch die Modelle »Audi Front« und »Audi 920« auf, und der Witz der Geschichte ist, daß ausgerechnet der Name des schwächsten Glieds der Auto-Union-Kette, Audi, als einziger überleben wird – nach einer Pause von 25 Jahren.

1945–1949
Eben noch »Heil Hitler!« gebrüllt, bilden sich 1946/47 zwischen den Trümmern lange Demonstrationszüge von DKW-Fetischisten und skandieren: »Wir wollen den zuverlässigen, kleinen Frontantrieb-Zweitakter aus der Vorkriegszeit wiederham'!« Das rührt zwei frühere leitende Auto-Union-Angestellte – Dr. Richard Bruhn und Dr. Carl Hahn – dermaßen, daß sie in Ingolstadt eine neue Firma mit dem alten Namen »Auto Union« gründen. Im Osten baut die frühere Audi-Fabrik in Zwickau unter dem Namen »IFA« die alte »DKW-Meisterklasse«.

50er Jahre
Alles boomt, die Nierentische, die Rimini-Reisen, die CDU und die DKW-Produktion der Auto Union: Motorräder, Mopeds, Schnell-Laster, Dreizylinder-Zweitakt-Automobile. Für die Bundeswehr produziert man einen Militär-Geländewagen, den »Munga«. Der junge Günter Grass gesteht: »Küßt mich die Mus' in einem Munga, reim' ich wie ein wilder Ungar.«*

* Zitiert nach: Ludwig Erhard: Geplauder mit Günter. Hermann Luchterhand Verlag. Darmstadt/Berlin/Neuwied, 1959

1958
Daimler-Benz steigt in das Ingolstädter Unternehmen ein und hat ab 1. Januar mit 88 Prozent der Geschäftsanteile das Sagen. Die Motorradproduktion wird eingestellt. Die neuen Herren haben zwar Freude am Erfolg des »DKW-Junior« (ab 1959), weniger aber an der Auto-Union-Gesamtentwicklung zwischen 1960 und 1964. Der Absatz sinkt von 126 000 Wagen (1960) auf 78 790 (1964). Daimler läßt den Neuerwerb fallen wie eine heiße Radkappe.

1965
Heinz Nordhoff, Chef des Volkswagenwerkes, auf der Suche nach zusätzlichen Produktionskapazitäten, greift zu. Zuerst wird der Name DKW gestrichen, weil er nach VW-Ansicht zu sehr mit dem veralteten Zweitakter verknüpft ist. Als Nordhoff in einem Wolfsburger Kino einen Western mit Audie Murphy sieht, erinnert er sich an August Horchs Latinisierungsaktion, und »Audi« wird wiederbeatmet.

Im September 1965 produziert die VW-dominierte Auto Union den ersten Nachkriegs-Audi, einen frontangetriebenen Viertakter.

1969
Kurt Lotz, Nachfolger Nordhoffs als VW-Generaldirektor, ist weiter auf Expansionskurs und vereinigt Auto Union/Audi mit den altehrwürdigen NSU-Werken in Neckarsulm zur »Audi NSU Auto Union AG«.

Ab 1970
Die nicht nur aufgrund der Wankel-Motor-Tradition und des legendären »Ro 80« stolzen und selbstbewußten NSU-Leute, eh schon schwer frustriert durch den ungeliebten 69er-Zusammenschluß, brechen 1984 dermaßen in Tränen aus, daß das Wasser des Neckar um mehrere Zentimeter steigt, aber auch das rettet das N, das S und das U in der Firmenbezeichnung nicht mehr. Ab 1. Januar 1985 gibt es nur noch, als hundertprozentigen VW-Ableger, die »Audi AG« mit Hauptsitz in Ingolstadt und einem Zweigwerk in Neckarsulm. Die Ingolstädter setzen die Ende der 60er, Anfang der 70er Jahre mit Audi 60, Audi 75, Audi 50, Audi 100 und Audi 80 erfolgreich gestartete Audi-Renaissance fort

und bauen, unterstützt durch die »quattro-Revolution« (1980) und spektakuläre Rallye-Siege, die audiigsten Autos der Welt.

1992

Kaum ist Silvester gefeiert, beginnt Bert Lauf mit seinen EXTRA-Recherchen. Wie wird der Audi-Pförtner auf seine Verkleidung als Günter Wallraff reagieren? Wird der Vier-Ringe-Vorstand versuchen, Lauf mit einem Autogramm von Hans-Joachim Stuck zu bestechen? Wo liegt überhaupt Ingolstadt?

»Man darf die Motorisierung nicht nur negativ sehen. Sie hat auch positive Seiten. Denken Sie nur an den Rückgang der Pferdediebstähle!«

Gary Cooper

Audi-Image:

Wallfahrt nach Altötting

»Überspitzt kann man sagen, daß Kunden nicht die Ware selbst kaufen, sondern das Image, also die Vorstellung, die sie mit dem Produkt verbinden.«

Wilhelm Bernsdorf, *Wörterbuch der Soziologie*

Es ist nur ein paar Legislaturperioden her, da wurde »Audi« mit Aufschnitt und Diarrhöe, mit Augentropfen und Dirndl, mit Aussteuer und Diaabend assoziiert.

Das konnte den VW-Managern, als sie sich Audi einverleibten, nicht gefallen, denn biedere Beamtenkutschen hatten sie genug im eigenen Stall.

Also erging der Befehl des Wolfsburger Oberkommandos nach Ingolstadt: Vorstoß in die Luxusklasse.

Audi-Chef Wolfgang R. Habbel (1979–1987) und Audi-Chef Ferdinand Piëch (seit 1. 1. 1988) schickten neben neuen Autos das Sicherheitssystem »procon-ten«, den permanenten Allradantrieb, die vollverzinkte Ganzstahl-Karosserie, Sechszylinder-Motoren, Rallye-Stars und -Siege und die Parole »Vorsprung durch Technik« (kreiert von der Düsseldorfer Werbeagentur Team BBDO) in den Straßenkampf. Der jährliche Betriebsausflug wurde umfunktioniert zu einer Wallfahrt nach Altötting mit den großen Image-Fürbitten.

VW-General Hahn legte 1983 den feierlichen Überholspur-Schwur ab: »Wir werden durchhalten, bis Audi in der Luxusklasse gleichberechtigt neben Mercedes und BMW steht. Und wenn es zehn Jahre dauern sollte.«

Das war kühn: Nur zehn Jährchen, um aus einem Gerold Tandler einen Richard von Weizsäcker zu machen, zehn Jährchen für die Quadratur der vier Ringe!

Immerhin, die Hartnäckigkeit brachte Erfolge. Noch unter Habbels Regiment bemerkte die »Frankfurter Rundschau« eine wundersame Wandlung: »Das Opa-Image wurde abgelegt – die bayerischen Autos gelten heute als technologische Trendsetter«, und 1991 meldete »Auto BILD«: »Audi hebt ab.«

Ferdinand Piëch selbst sah es so (gegenüber »auto motor und sport«): »Unser Trommelfeuer mit den in Konzept und Qualität überzeugenden Audi 100, Audi 80, Audi Avant und Audi Cabrio wird seine Wirkung auf dem Markt nicht verfehlen.«

David Audi wird immer muskulöser, und die Prestige-Goliaths Mercedes und BMW sehen mittlerweile schon etwas weniger hochmütig auf den Parvenü herab. Und dennoch machen, wie viele andere in den verschiedensten Branchen vor ihnen, auch die Ingolstädter die Erfahrung, daß ein einmal geformtes Bild teuflischer klebt als Fliegenleim.

Bis zur definitiven Vollzugsmeldung von Ingolstadt nach Wolfsburg müssen in Altötting noch einige Kerzen angezündet werden.

YUGO 45:

Der Denkanstoß

Man kann keinen Delphin mit einem Hering vergleichen, also auch keinen Audi 80 mit einem Yugo 45. Aber man kann sich vom Hering eine Scheibe abschneiden. Lauscht und lernt:

»Zum Yugo-Stand verirren sich die wenigsten. Dabei haben sich die Journalisten gerade mit dieser Marke ausführlich beschäftigt. Nicht nur weil das Auto, wie der Name schon ahnen läßt, in Jugoslawien gefertigt wird, genauer im serbischen Kragujevac, wo man wegen des Bürgerkriegs-Mordens nun ernste Schwierigkeiten hat. Sondern auch deshalb, weil die Firma Yugo das billigste Auto dieser Messe anbietet. Stolz berichtet Rolf-Ronny Westphal, der Yugo in Deutschland vertritt, ›der hat alles, was ein Auto braucht‹. Der Yugo 45 hat vier Räder, ein Lenkrad, und, wie Westphal betont, sehr strapazierfähige Sitzpolster. Außerdem vermittelt der Yugo 45 seinen Käufern ein beruhigendes Selbstwertgefühl. Denn, so doziert Westphal: ›Es gibt Menschen mit gesundem Selbstbewußtsein, denen ist dieses Auto genug. Und es gibt Leute mit labilem Selbstbewußtsein – die fahren Mercedes und BMW.‹«

Süddeutsche Zeitung vom 16. 9. 1991

AUDI-GEFÜHLE:

Urschreien im Kofferraum

»Für weite Teile der Bevölkerung ist das Auto weit mehr als ein Gefährt zum Transport. Es ist Gefährte, Lebensanschauung, Ersatzbefriedigung.«

Frankfurter Allgemeine Sonntagszeitung

DAS 80-GEFÜHL

Mit dem Audi 80, Jahrgang 1991, startete Audi einen Großangriff auf den Pharma-Markt, auf Baldriantropfen und andere Downers: »Wenn Sie den neuen Audi 80 zum erstenmal fahren, wird sich schon nach kurzer Zeit ein beruhigendes Gefühl einstellen.«

Sahen die Lenkerinnen und Lenker der ersten Audi-80-Generation (1972) noch so aus, als ob sie ständig zu Hosenträgerversteigerungen unterwegs wären (weil sie in einem Auto saßen, dessen exquisites Spießerdesign von keinem anderen Hersteller erreicht wurde), so machen die heutigen Audi-80-Insassen in der Regel einen völlig ENTSPANNTEN Eindruck, wie nach einer Vollmassage oder der Rückkehr von einem erfolgreichen Selbstfindungs-Wochenendseminar.

Zwar kann man ihn (noch) nicht auf Rezept in der Apotheke kaufen, aber die therapeutische Wirkung des Audi 80 ist unbestritten. In einem Audi 80 fühlen sich Audi-80-Fahrer und -Fahrerinnen ungeheuer ANGENOMMEN und AUFGEHOBEN. Natürlich weiß ihr Kopf, daß auch sie nur in einem Haufen Metall und Kunststoff sitzen, aber ihr Bauch erinnert sich gern an den Honig der Ingolstädter Ingenieure und Marketingexperten:

»Der neue Audi 80 bietet Flankenschutz in allen 4 Türen. Und das Sicherheitssystem procon-ten . . . Seine Form besticht durch Funktionalität und vorbildliche Aerodynamik . . . Wo sonst gibt es eine Limousine, die Ihnen eine vollverzinkte Karosserie mit 10 Jahren Garantie gegen Durchrostung bietet? . . . Der neue Audi 80 gehört zu den wenigen Autos, die im Windkanal nicht ihr Gesicht verloren haben.«

Den verbeizischenden Daimler und BMW heiter den ausgestreckten Mittelfinger zeigen, aerodynamisch, vollverzinkt und flankengeschützt, das ist das höchste der Gefühle.

DAS 90-GEFÜHL

Mißtrauisch war der Kunde von Anfang an. Haftet nicht, wie er da leicht verlegen zwischen den Klassikern 80 und 100 steht, dem Audi 90 ein Geruch von ungeliebtem Kind an, von Fremdkörper, ungewollter Zeugung?

»Nein, nein!« lockte der Prospekt aus dem Audi-Zentrum, »dieses Fahrzeug ist eine beeindruckende Sport-Limousine im wahren Sinne dieses Wortes, wie man sie sich perfekter kaum vorstellen kann.« Und der Kunde orderte, wenn auch mit gemischten Gefühlen, einen Audi 90 quattro 20 V. Nur kurze Zeit später kam die Nachricht aus Ingolstadt: Der Audi 90 wird nicht mehr gebaut. Was nützt ihm nun das 5-Zylinder-20-Ventil-Triebwerk, wenn er in etwas AUSSTERBENDEM sitzt? Ein Scheiß-Gefühl.

DAS 100-GEFÜHL

Ist der Audi 80 das überdimensionierte Sedativ, der aerodynamische Nervenglätter, dann ist der Audi 100 – laut Audi-Selbstverständnis – das (wahlweise) 4-, 5- oder 6-Zylinder-Aphrodisiakum, die große Kribbelkiste, denn:

»Schon der Blick ins Cockpit des neuen Audi 100 verrät dem Kenner, was ihn hier erwartet: ein Automobil, mit dem das Fahren wahre Freude bereitet.« Mehr noch, nämlich: »Neue Lust.«

In allen Varianten der Nummer 100 sitzen wir sozusagen im Audi-Herzstück, in einer rollenden Emotionsbombe, »begeisternd«, mit »allem Freiraum«, mit »Kleiderhaken«, »stoffbezogenem Formteilhimmel«, »Make-up-Spiegel«, »Liegesitzeinrichtung für Fahrer und Beifahrer«, mit »langem Rohr für hohes Drehmoment und kurzem Rohr für hohe Leistung«, aber gleichzeitig »vibrationsfrei« und »schallschluckend«.

Und das tollste: »Ein kurzer Dreh am Zündschlüssel genügt, schon schließen sich automatisch Fenster und Schiebedach, Türen.« Bloß: Was sagt die Bundesprüfstelle für jugendgefährdende Personenkraftwagen dazu?

DAS 200-GEFÜHL

Der Audi 200 steht zwischen 100 und V 8 wie der Audi 90 zwischen 80 und 100: irgendwie überflüssig. Und Audi wirbt für ihn auch noch mit der Headline »Die Unabhängigkeitserklärung«. Audi-Kunden pfeifen auf Unabhängigkeit. Audi-Kunden wollen ZUWENDUNG, TREUE, UMARMUNG.

DAS KOMBI-GEFÜHL

Lange Zeit vorwiegend Nutzfahrzeug für Bäcker, Metzger und Spengler, ist der Kombi plötzlich auch außerhalb des Handwerks schwer angesagt. Die Schwenkmöglichkeit für die Arme wirkt befreiend, und in keinem anderen Auto (außer in einem Brummi) stellen sich bei Regen und Pfützengespritze solch authentische Kapitänsgefühle ein, kurz: ein Kombi hebt das Selbstwertgefühl enorm.

Alle wesentlichen Autobauer stiegen und steigen ein ins Geschäft mit den Dicken; Audi (bereits in der dritten Generation) mit dem Audi 100 Avant (eine Kombi-Version des Audi 80 liegt auf der Startrampe), und diesmal nehmen die Vier-Ringe-Werber den Mund nicht zu voll, wenn sie behaupten:

»Wer sich den neuen Audi 100 Avant einmal gründlich aus der Nähe ansieht, wird sich fragen, wie so ein elegantes Automobil so praktisch sein kann. Wenn die hintere Rücksitzbank umgeklappt wird, faßt er 1266 Liter.«

Die nobelste Art, Bierkästen, Geldschränke, Doggen und Verblichene zu transportieren.

DAS CABRIO-GEFÜHL

Wie kann man bloß, Audi-PR-Abteilung, bei einer solchen Ladung Ästhetik auf »nüchterne Fakten« hinweisen, auf »ein laufruhiges 2,3-Liter-5-Zylinder-Triebwerk« und auf »optimierte Karosseriesteifigkeit«. Beim Audi Cabriolet bestimmt allein das Design das Bewußtsein. Noch bevor man startet, möchte man die Sonne und die Motorhaube küssen, Arien schmettern und die mit Lauten der Bewunderung herumlungernden Müßiggänger umarmen. Und die Vibrations erst während der Fahrt! Nirgendwo sonst perlen einem Treuebekenntnisse und Liebesschwüre feuriger, verschwärmter, schmachtfetziger von den Lippen.

DAS COUPÉ-GEFÜHL

Einmal wie Hans-Joachim Stuck oder Walter Röhrl in der Kurve liegen, während einem schöne Frauen und aufgeregte Männer zujubeln! Mit dem Urquattro-Nachfolger Audi Coupé S 2 (220 PS, ladeluftgekühlte Turbo-Aufladung) kann man auf einem großzügig angelegten, leeren Parkplatz für 6,1 Sekunden (die braucht der S 2, um von 0 auf 100 km/h zu kommen) wenigstens ein Stuckle sein, oder ein Röhrle.

DAS QUATTRO-GEFÜHL

> »Wer im Sommer heimlich an den Winter denkt, fährt meistens quattro ... quattro oder Nicht-quattro: Dahinter verbirgt sich eine Lebensphilosophie.«
>
> *Frankfurter Allgemeine Zeitung*

Zwölf Jahre nach 1968 wurde auch in Ingolstadt eine Revolution angezettelt. Kein Sturm auf das Rathaus, sondern 1980 proklamierte man an der Donau »Die Welt-Revolution des souveränen Fahrens« (Audi), und ihre Parole hieß »quattro«, was stand und steht für permanenten Allradantrieb.

Den gibt's heute, auf Wunsch und als Alternative zum Frontantrieb, in allen Audi-Modellen. Und bei der Konkurrenz, die abgekupfert hat, auch. Aber nur in einem Audi quattro (am unter das Sitzfleisch gehendsten im Audi quattro 20 V, dem »Urquattro« – dem einzigen Wagen, der einen fundamentalistischen BMWler von seinem BMW-Glauben abfallen lassen könnte) erlebt man QUATTRO PUR: wie Schwarzpulver auf dem Wurstgrill, wie Urschreien im Kofferraum, wie von Piranhas gejagt und angeknabbert, wie Bär auf Eis, wie Huhn im Sumpf, wie Trompetensolo am Meer bei Gewitter ... quattro ist echt ... Quatsch ... nee ...: quattrisch! Jawoll! Nur wo »quattro« draufsteht, geht's voll quattrisch ab. Kein Alt-68er zweifelt daran: Lebte heute Jean-Paul Sartro, führ' er klaro Audi quattro.

DAS V 8-GEFÜHL

Das gegenwärtige Ingolstädter Prunkstück besticht vor allem durch seine Vielseitigkeit:

Zum einen bestätigt es den französischen Denker Roland Barthes, der einst behauptete, Automobile seien die gotischen Kathedralen der Moderne. Sitzt man in einem Mercedes der S-Klasse gewissermaßen im Kölner Dom, steuert man in einem V 8 zumindest das Freiburger Münster.

Zum zweiten ist der V 8 als fahrbares Büro lieferbar (»Audi V 8 L Office«) und drittens auch als Triebwagen zu beachten. Was Überlebende, die mit 180 Stundenkilometer auf dem Telefon-Sex-Höhepunkt gegen einen Baum gerast sind, berichten, klingt jedenfalls vielversprechend.

Am Armaturenbrett leuchtet zwar bei Betätigung der Bremse der nächste Abzahlungstermin auf, aber die meisten von uns werden sich auch auf Abstotterbasis runde 100 000 Mark für den V 8 nicht leisten können. Zum Glück gibt es die V 8-Werbemappe mit Farbaufnahmen, beinahe so betörend wie der V 8 selbst, und kostenlos dazu.

Audi duo

GEFÜHL 2000

Drohende Abgassteuer und Dauerstaus und Umsatzeinbrüche im Blick, bastelt man zur Zeit in Ingolstadt (wie bei allen großen Autofirmen) an Produkt-Alternativen, die Chancen haben, einen Verkehrsinfarkt zu überleben.

»Audi duo« heißt das – absehbar serienreife – »Hybridsystem«, eine Kombination aus herkömmlichem Verbrennungs- und Elektromotor, angeblich »umweltfreundlich und stadtgerecht«.

Aber da das für einen Autobauer von altem Schrot und Korn nur Pflichtübung ist, wird Audi auch weiter in der Powerliga mitmischen. Der V 8-Nachfolger – vermutlich mit einem Zwölfzylindermotor – ist schon für 1994 angepeilt. Als »Studie« präsentierte man auf der IAA 1991 in Frankfurt am Main den »Audi quattro Spyder«, einen zweisitzigen Sportwagen (Kommentar der Süddeutschen Zeitung: »Rasertraum in himmlischem Orange«) und kurze Zeit später in Tokio den Prototyp »Audi Avus quattro«, einen Zwölfzylinder mit 509 PS. AutoBILD griff zu den fettesten Lettern und titelte: »Schock für Mercedes: Der Audi-Silberpfeil«. Die Straßen, auf denen ein solcher »Alu-Hammer« (BILD) explodieren kann (in 3 Sekunden von 0 auf 100), wird es im nächsten Jahrtausend vermutlich nicht mehr geben, aber dennoch macht die Entwicklung unternehmerischen Sinn:

Der Bonsai-Audi »Audi duo« wird angeboten für die dann noch mögliche Fortbewegung, die Protzbrocken für Gutbetuchte als Statussymbol hinter Glas im Vorgarten. Denn, in Frankfurt und Tokio war's zu beobachten, auch in ruhendem Zustand löst solches Bernd-Rosemeyer-Nostalgie-Design bei den Betrachtern orgiastische Zuckungen aus.

DER 10-MILLIONEN-AUDI

»›20 Zylinder, die noch keiner gewagt hat, und eine einmalige Leistung für ein straßentaugliches Auto von mehr als 1000 PS‹, schweben Audi-Chef Piëch vor.

Daß der Wagen dann auch so unzeitgemäß teuer sein müßte wie einer der legendären Bugatti, stört Piëch weniger. ›Zehn Stück würden wir nur bauen. Einen behält unser Museum, die anderen neun werden für zehn Millionen Mark pro Stück verkauft. Die Interessenten dafür kenne ich wahrscheinlich alle persönlich.‹«

auto motor und sport Heft 24 vom 15. November 1991

AUDI-GEMEINDE:

Wer fährt was warum?

DER BAUERNFÄNGER: AUDI 100 S 4

Am 26. November 1991 meldete dpa einen Vorfall, der Bauernfänger nachdenklich stimmen sollte:

»Eine beinahe perfekte Methode der Bauernfängerei hatte sich ein kleiner Moskauer Gauner ausgedacht. Auf Straßen und Plätzen pries er lautstark seine Fähigkeiten der Telekinese an (Bewegen von Gegenständen durch bloße Willenskraft) – und zwar auf große Entfernungen.

Zunächst kassierte er von den Zuschauern fünf Rubel, dann entfernte er sich gebührend von ihnen, um, wie er verkündete, aus der Distanz die Zeiger ihrer Uhren anzuhalten und wieder in Gang zu setzen. Während die Gläubigen auf das Wunder warteten, schwang sich der Mann in sein Auto und verschwand.

Wahrscheinlich würde er seinen Trick noch heute praktizieren, wenn nicht – wie die ›Sowjetskaja Rossija‹ am Dienstag berichtete – eines Tages das Auto nicht angesprungen wäre. Er habe eine Tracht Prügel bezogen, ehe ihn die Gefoppten der Polizei übergeben hätten.«

W e l c h e s Auto er fuhr, stand leider nicht in der Meldung, aber es war auf keinen Fall ein Audi 100 S 4, denn der hat die IMMER-ANSPRING-GARANTIE eingebaut.

Also, Bauernfänger:

Keinem Lada, keinem Fiat, nur Audi vertrauen.

Sonst werdet ihr nicht nur in Moskau verhauen.

DIE KÜSTERIN: V 8

Natürlich kann sie mit ihrem Küsterinnengehalt von einem V 8 nur TRÄUMEN, und das tut sie jede Nacht: von einem V 8, in dem sie mit Hochwürden sitzt, ihm die Glocken läutet und sie gemeinsam die Englein singen hören.

DER EX-STASI-MITARBEITER: AUDI 100 TDI

Seit er in einem Audi 100 TDI für den BND horcht, guckt und greift, weiß er, was er mit seinem Ex-Wartburg in der Ex-DDR für eine miserable Arbeitsbasis hatte. Kein Wunder, daß es gekommen ist, wie es kam.

DIE SPORTIVE MUTTI: AUDI COUPÉ S 2

Teenies finden Muttis in Audis todschick trendy. Megageil sind Muttis im S 2.

DER JUGENDVERBANDSFUNKTIONÄR: AUDI 80 YOUNG EDITION

Als er seinen 45. Geburtstag gefeiert hatte, paßten ihm zwar Jeans und NEW-KIDS-ON-THE-BLOCK-T-Shirt noch, aber sein Rheuma verschlechterte sich im zugigen R 4 rapide. Und als er an der Tankstelle »Waschen bitte« verlangte und der Tankwart »Bügeln auch?« zurückfragte, entschloß er sich endgültig, das Auto zu wechseln. Seine Wahl fiel auf einen Audi 80: Mit dem Modell »Young Edition« gerät er in keine Identitätskrise, weil ein so beschrifteter Wagen vor jeder Jugendherberge und vor jedem Pfadfinderheim den vollen Groove hat.

DER VERTRETER: AUDI 100 V 6 AUTOMATIK

Der PS-Klassiker für den geschmackssicheren Außendienst. Wenn's keine Vertreter gäbe, müßten sie für diesen Wagen erfunden werden.

DER INGOLSTÄDTER: AUDI 80, 100, 200, V 8, JE NACH KONTOSTAND

Ein Ingolstädter in einem Audi, das ist wie ein Floh am Igel, wie das Dotter im Ei. Echte Ingolstädter werden in einem Audi geboren und treten in einem Audi ihre letzte Reise an. Dann sitzen sie für alle Ewigkeit mit einem Heiligenschein aus vier Ringen auf einer quattro-Wolke, während unten bei Beelzebub die Ex-Mercedesfahrer, auf einen glühenden Stern gespießt, ihr großes Lamento anstimmen. So lernt's der Ingolstädter jedenfalls im Ingolstädter Kommunion- oder Konfirmandenunterricht.

DIE ANTHROPOSOPHIN:
AUDI CABRIOLET

Zwar bedauert sie,
daß es noch keinen Bio-Audi gibt,
aber dem Reformhaus-Charme
des »Audi«-Schriftzugs
konnte sie einfach nicht widerstehen.
Und als sie zum erstenmal
mit offenem Verdeck
zur Waldorfschule fuhr,
erinnerte sie sich an die Worte
von Marie Steiner,
Rudolf Steiners Frau:
»Eurythmisieren heißt:
Durch Bewegungen singen.«
Und sie fühlte:
Audi-Cabrio-Fahren heißt:
Eurythmisieren.

DER BMW-ABTRÜNNIGE: AUDI QUATTRO 20 V

Sein Bleifuß verlangt nach High Tech, und die kommt, so haben's ihm Fachzeitschriften geflüstert und Probefahrten bewiesen, seit einiger Zeit am hightechischsten aus Ingolstadt. So wird er zum BMW-Judas, bleibt aber immerhin Bayern treu. Und darauf kommt's schließlich an.

DER SPRACHWISSENSCHAFTLER: AUDI 80 2.E

Früher war ihm seine Automarke schnuppe, aber als er eines Tages bei einem Experiment im Sprachlabor herausfand, was alles in den vier Buchstaben A und U und D und I steckt, wurde er auf der Stelle 4-Ringe-hörig: Du! Da! Ida! Dia! i.A. (im Auftrag)! A.D. (Anno Domini)! Di (Lady)! I-A (Esel)! u.a. (und andere/unter anderem)! d.i. (das ist)! i.d. (idem = derselbe)! Ui! Au!

DER OPPORTUNIST: AUDI 100 CC

Wer im Panda, Manta oder Trabbi sitzt, zeigt Gesinnung. Bei Audifahrern, und ganz besonders bei denen im Audi 100 CC, kann man nie sicher sein, ob sie schwarz, gelb, rot, grün oder gar nicht wählen, ob sie fanatische Tempolimitgegner oder Fast-schon-Auto-Deserteure sind, ob sie Schalke oder die roten Teufel anfeuern, ob sie Pudel föhnen oder Hunde hassen. Die ideale Opportunistenkutsche.

DIE METEOROLOGIN: AUDI 100 AVANT TD CC

Hat von morgens bis abends mit schwer Vorhersagbarem zu tun. Also braucht sie außerhalb des Wetteramtes einen ABSOLUT ZUVERLÄSSIGEN Untersatz.

PINSELMACHER UND REVOLVERDREHER: AUDI COUPÉ S 2

Täglich Pinsel machen und Revolver drehen, das stimmt mächtig traurig. Einen Audi in 6,1 Sekunden von 0 auf 100 jagen, das bringt echt Frohsinn. S-2-Treten ist für Pinselmacher und Revolverdreher die reine Therapie.

DER BEAMTE DES GEHOBENEN DIENSTES: AUDI 90 2.3 E

Der Audi 90 verkörpert für ihn all die Tugenden, die er am Stammtisch hochhält: Seriosität, Zuverlässigkeit, Sparsamkeit. Außerdem hat er genau das Design, das im Verwandten- und Freundeskreis weder zu sehr noch zu wenig auffällt. Und seinen Vorgesetzten signalisiert der Wagen intaktes Familienleben und mäßigen Suchtmittelkonsum. Audi-90-Beamte haben selten Beförderungsprobleme.

DER VERHINDERTE MERCEDESLENKER: AUDI 80

Hat nur das Kleingeld für den preiswertesten Audi 80, nervt aber die Mitmenschen unentwegt mit seinem verbalen und nonverbalen »Eigentlich-bin-ich-ja-ein-S-Klasse-Typ«-Getue. Glaubt fest an Wunder und ist jeden Morgen um so mehr erschüttert, wenn er feststellt, daß sich die vier Ringe noch immer nicht in einen Stern verwandelt haben.

DER VERARMTE SCHLOSSHERR: AUDI 100 TDI

Schätzt pfennigfüchsisches Personal, genügsame Haustiere, sparsamen Sex, und mit seinen Erzählungen vom geringen Verbrauch seines Diesel-Audis gestaltet er ganze Nachmittage im Club verarmter Schloßherren.

DER GEISELNEHMER: AUDI 80 2.8 E

Geiselnehmer, die sich keinen Audi 100 leisten können, guckten beim kleinen Bruder der dritten Generation voll in die Röhre, weil der Kofferraum ein schlechter Witz war. Aber im NEUEN Audi 80 haben sie bei umgeklappter Rückbank mit 712 Liter Fassungsvermögen eine hervorragende Arbeitsgrundlage. Das Geschäft blüht.

DER STELLVERTRETER: AUDI 100 TURBO D

Kein Boß mag es, wenn der zweite Mann zu bossig auftritt. Der Boß sitzt auf Eiche, der Stellvertreter auf Kiefer; der Boß bestellt Pizza mit allem, der Stellvertreter Pizza Funghi; der Boß fährt Mercedes, der Stellvertreter Audi. So ist die Welt im Lot.

DER MANTA-AUS- UND UMSTEIGER: AUDI COUPÉ S 2

Er blieb auch nach dem zehntausendsten Manta-Witz seinem Opel treu, aber dann stieß er zufällig auf den einzigen Audi-Witz, den es gibt, und das führte zu einem Humor- und Markenwechsel: »Ein junger Mann jagt im S 2 mit seiner Tante über die Autobahn: ›Fahr ich zu schnell?‹ ›Nein‹, antwortet die alte Dame, ›du fliegst zu tief.‹«

DER DEALER: AUDI 80 2.3 E

Kein Mensch vermutet in einem Audi 80 2.3 E einen Dealer. Deshalb fahren dreiundachtzig Prozent aller Dealer Audi 80 2.3 E.

DER MIT DER SCHWEREN KINDHEIT: URQUATTRO

Mindestens einmal in der Woche und am liebsten bei Glatteis rast er nachts mit seinem Audi wie eine gesengte Sau um den Hochhausblock. Das braucht er für sein inneres Gleichgewicht. Und wenn es dann fürchterlich kracht, wälzen sich die Anwohner mit einem erleichterten Seufzer auf die andere Bettseite. Jetzt dürfen sie schlafen. Und am nächsten Morgen können sie wieder den Reim anstimmen, den im Viertel jeder kennt: »Liegt auch Fritze auf der Bahre, quattro bleibt für ihn das Wahre.«

JUSTUS FRANTZ: V 8

Ein Maestro, Pianist und Intendant des Schleswig-Holstein-Musikfestivals, fährt nicht, er läßt fahren: Steffi Voß heißt die Chauffeuse seines V 8. Und während sie über die Friesenautobahnen prescht, damit er Bach zum Deich und Mozart zu den Möwen bringen kann, übt Frantz auf der Diebstahlwarnanlage die Kunst der Fuge.

DAS OPFER DES IMAGEWANDELS: AUDI 80

Vor zwanzig Jahren konnte er, mit sich und seinem alten Audi 80 voll identisch, die umhäkelte Klorolle aufs Ablagebrett plazieren, den Filzhut gerade rücken, das Kreuz durchdrücken und starten. Aber seit sie in Ingolstadt imagemäßig nur noch die Überholspur benutzen, kommt er voll ins Schleudern. quattro hält er noch immer für einen modernen Tanz. Dynamisch, sportlich fahren und gucken? Da reiht sich ein Desaster ans andere. Und von Tag zu Tag wird ihm sein Kind auf vier Rädern fremder. Aber Audi verstoßen und Ford adoptieren, das bringt er auch nicht übers Herz.

DER MIT DER DJANGO-MEISE: AUDI 100 S 4

Gewöhnlich sind Audifahrer außerordentlich disziplinierte Verkehrsteilnehmer. Aber besonders im S 4 sitzen hin und wieder schwarze Schafe, die unter dem Motto »Vorsprung durch Schneiden und Beschimpfen« schalten und walzen. Da bleibt selbst dem militantesten BMW-Flipper die Spucke weg.

DER HOLZAPPLIKATIONS-FETISCHIST: AUDI 100 2.8 E

Wenn er über die Holzapplikationen an der Armaturentafel und an den Türen des 100 2.8 E streicht, spürt er eine Befriedigung, die ihm nur die Holzapplikationen im 100 2.8 E schenken.

DER SENSIBLE METZGER: V 8

Immer wieder hört er den altbekannten Spruch vom Mercedes als »Metzgerauto«. Das ist er nun endgültig leid, und er geht in die Offensive: Zum Schlachthof fährt er im V 8, und sein Schaufenster dekoriert er mit den vier Audi-Ringen in Wurstform.

MARQUIS DE SADE: AUDI QUATTRO TITAN-BIKE »PIKES PEAK«

Lebte heut' Marquis de Sade, führ' er Bahn? Bus? Nein – DAS RAD! Das Mountain-Bike von Audi. Ein sadistischer Hochgenuß. Ist weder Scherz noch Gerücht, sondern steht bei: quattro GmbH (Postfach 220, 8070 Ingolstadt).

FALL FÜR DIE CARITAS

»Das stärkste Audi-Coupé
sieht nämlich nicht
so viel anders aus
als seine schwächeren Brüder.
Also ähnlich koboldhaft,
knotig, unproportioniert,
und es wirkt
immer irgendwie verloren,
ohne einen Freund,
der ihm im Alter
die Garage wärmt.«

Autotester **Wolfgang Peters**
in der Frankfurter Allgemeinen Zeitung
über das Audi Coupé S 2

Audi-Produktion:

Vorarbeiter Meister Proper

Auf Bilddokumenten aus der Audi-Produktion in Ingolstadt und Neckarsulm sticht vor allem eines ins Auge: die unglaubliche, für solche Stätten geradezu sensationelle Sauberkeit der Böden, Maschinen, Fertigteile, Roboter und Menschen.

Man wird an Raumschiffe in Science-fiction-Filmen erinnert. Audi Enterprise. Allerdings geht von den Arbeitern nichts Astronautisches aus, eher etwas Zufrieden-Schwäbisch-Spätzliges, obwohl sie ja bayerische Luft atmen.

Wer putzt, striegelt, leckt hier?

Glücklich das Blech, das in solcher Umgebung zum Auto werden darf!

Gegen diese klinisch glänzenden Hallen ist das durchschnittliche deutsche Krankenhaus eine Müllhalde. Könnte man sich im gegebenen Fall doch auf ein Audi-Montageband legen und sich den Blinddarm herausnehmen lassen!

AUDI-MUTTER:

Fast wie im richtigen Leben

Die Mutter ist nicht mehr die Jüngste, hat schon einige handfeste Affären und Skandale auf dem Buckel, aber sie abgetakelt zu nennen, wäre übertrieben. Mit ihren Golf-Pumps und ihrer Jetta-Bluse kann sie sich auf jeder Kaffeefahrt sehen lassen.

Das Outfit ihrer Tochter, den V8-Ausschnitt und die Spyder-Jeans, betrachtet sie mit einer Mischung aus Wohlgefallen und Neid.

Es gibt, wie in jeder Familie, manchmal Streit; Tage, an denen die beiden übereinander herfallen, sich die Haare ausreißen und fast die Augen auskratzen. Kaum aber setzen sie gemeinsam einen Fuß vor die Tür, heucheln sie eitel Harmonie.

Zum Glück sehen sie sich nicht oft. Wolfsburg, Mutters Wohnsitz, das bedeutet für die Tochter Alaska, praktisch schon Sibirien.

Sie bleibt im Süden und begeistert mit beeindruckenden Drehmomenten ihre vielen Verehrer.

»Audi spinnt.«

Daniel Goeudevert, *VW-Vorstand (lt. »Spiegel« 43/1991)*

AUDI-SERVICE:

Der Vorstand leiht Ohr

Sie kaufen ein Telefunken-Fernsehgerät, drücken die Einschalttaste, ärgern sich und greifen sofort zum Telefon: »Also, Herr Telefunken, das ist ja nun ein echtes Scheißprogramm . . .« Ein Traum? Ein Konsumentenwunsch, der ewig unerfüllt bleiben wird? Nicht bei Audi! Bei Audi ist er herrliche Wirklichkeit.

Jeder V8-Käufer bekommt eine Audi-Führungskraft zugeordnet, die sich um ihn zu kümmern hat, rund um die Uhr. Als V8-VIP können Sie getrost am Samstagabend bei Piëchs anrufen: »Hör mal, Ferdinand, da ist so ein komisches Quietschen in der Fahrersitzlendenwirbelstütze . . .« Oder Sie hängen in einer Schneeverwehung bei Garmisch fest; scheuen Sie sich nicht, Andreas Schleef, zuständig für das Audi-Personal- und -Sozialwesen, zu kontakten. Er wird Sie mit Schnurren aus Betriebsrat und Kantine unterhalten, bis die Räumfahrzeuge auftauchen.

MELKT DER SENNER EINEN AUDI
HAM DIE KÜHE IHRE GAUDI!

Audi-Aufkleber

6 Punkte in Ingolstadt

Eigentlich gibt es nur einen einzigen akzeptablen Audi-Aufkleber: »Audi – für Aufkleber viel zu edel.« Die meisten Audi-Käufer halten sich daran und hüten sich, das Vier-Ringe-Design zu verschandeln. Aber einige der über sieben Millionen Audis, die seit 1965 im Werk Ingolstadt vom Band gerollt sind, befinden sich natürlich auch in den Händen von Papp-Neurotikern, und die trumpfen am liebsten mit irre originellen Do-it-yourself-Kreationen auf (»Ich bremse auch für VW«, »Audienz nur nach Anmeldung«, »Besser Ringe am Auto als unter den Augen«, »Audi – au ja!«).

Wortspielverliebte Lateinlehrer bevorzugen »Audi partem alteram« (»Höre die andere Partei«), um sich prophylaktisch bei potentiellen Unfallgegnern einzuschleimen.

Die härtesten Schuhauszieher produzieren die Freunde des Reims (»Melkt der Senner einen Audi, ham die Kühe ihre Gaudi«, und ähnliche Kaliber).

Nein, das ist absolut Audi-unwürdig und wird nur noch unter- bzw. überboten von der stockpeinlichen Folienkleckserei. Wer damit von den auf allen Straßen Europas kontrollierenden AQUA (Audiquäler-Aufspürer) angetroffen wird, kriegt 6 Punkte in Ingolstadt. Bei 20 Punkten wird der Audi eingezogen, und der Geschmacksrüpel/die Geschmacksrüpelin muß Trabbi fahren.

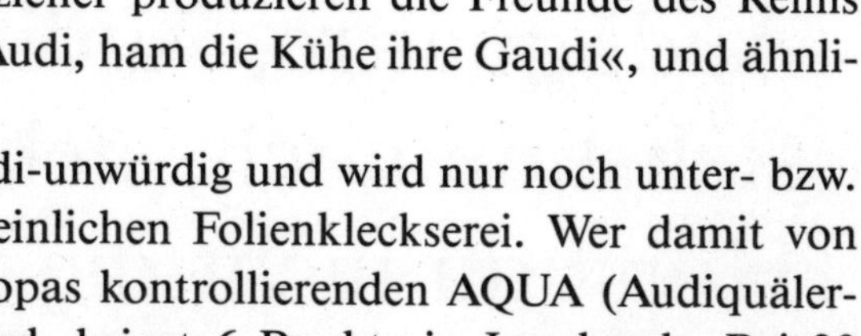

Hörst du nicht die Daimler?

Der offizielle Audi-quattro-Kanon

(Nach der Melodie »Meister Jakob«/»Frère Jacques«)

Audi quattro, Audi quattro,
stehst du noch, stehst du noch?
Hörst du nicht die Daimler,
hörst du nicht die Daimler,
brrrmmm brrrmmm,
brrrmmm brrrmmm.

AUDI-WERBUNG:

Der erfolgreiche Weg zum Flop – das Beispiel V 8

»Ist die Werbung noch so teuer,
der Kunde bleibt ein Ungeheuer.«

Alte Madison-Avenue-Weisheit

Darf ich das Schmuckstück, das da vor mir liegt, mit meinen ordinären Fingern überhaupt berühren? Signalisiert diese Broschüre nicht: Ich bin nur geschaffen für Hände, die täglich mit ein paar Hunderttausendmark-Schecks wedeln?

Behutsam streiche ich über das Kunstleinen, und mir ist, als berührte ich das Kleid einer schönen Frau oder die Haut einer seltenen Schlange.

Leider geht es nicht um schöne Frauen und auch nicht um seltene Schlangen, sondern geworben wird für ein Automobil, und sein Name sorgt für die erste Irritation: »Audi V 8 Exklusiv«.

Exklusiv? Ein Auto kann exklusiv sein, aber darf es »Exklusiv« heißen? Darf »Exklusiv« nicht allenfalls auf einem Parfümfläschchen stehen?

Ich rieche an dem Papier. Leim? Sondermüll? Es könnte auch der getrocknete Schweiß des Grafikers, Fotografen oder Texters sein. Ich schlage das Werk auf.

Vor mir steht in etwa drei Zentimeter hohen Lettern: »Jede Revolution beginnt auf der Straße.«

ENDET für Despoten nicht üblicherweise in einem Auto wie dem V 8 eine Revolution, wenn sie verduften müssen und kein Flugzeug zur Verfügung steht?

Weiterblättern. Was folgt dem revolutionären Prospekt-Auftakt? Ein Griff in die Mottenkiste:

»Ich war unter allen Umständen bemüht, nur gute Wagen aus erstklassigem Material zu bauen«, zitierten Sie, Audi, Urgroßvater August Horch, als hätten nicht sämtliche PS-Pioniere die gleiche oder ähnliche heiße Luft abgelassen. Aber nichtssagende Leerformeln sind kein Relikt aus alter Zeit. Auf Seite 28 teilen Sie mit, daß der V 8 »den Anspruch erheben will, als außergewöhnlich fahraktiv zu gelten«.

Wortaktiv enttäuschen Sie uns drei Seiten vorher mit dem Geständnis, daß »auch der perfekteste permanente Allradantrieb die Gesetze der Physik nicht außer Kraft setzen kann«. Das war das mindeste, was wir von Ihnen, Audi, erwarteten.

Und wie dürfen wir folgende dunkle Rede verstehen: »Wenn Sie all das wollen, was der Audi V 8 Exklusiv zu bieten hat, mußten Sie sich bislang mehr als ein Auto kaufen.«

Ein Pferd? Ein U-Boot? Einen Fesselballon?

Und welche Muse hat Sie gebissen, als Sie sich den Text auf Seite 13 aus den Fingern sogen:

»Das typische Geräusch in den Auspuffrohren – eine geschätzte Besonderheit und Ergebnis der charakteristischen Zündfolge eines V 8 – gibt dem gesamten Fahrzeug eine ganz eigene Prägung.« Wenn schon solch windige Argumente, Audi, warum beiben Sie dann 18 Zeilen tiefer nicht ehrlich und konsequent und sprechen statt von »Fahrkultur« von »Furzkultur der Spitzenklasse«?

Audi, Audi! Als Leo Trotzki gesprungen und als Ignaz Kiechle gelandet!

Kein Wunder, wenn wir dann in der »Frankfurter Rundschau« lesen müssen:

»Der Griff nach den (Stuttgarter) Sternen in Gestalt des großen Audi V 8 ging völlig daneben.«

Und im »Spiegel«:

»Audis Spitzenmodell bleibt wohl weiterhin, was es seit dem Start war: eine hervorragende technische Leistung und ein grandioses Verlustgeschäft.«

Merke: »Wo rohe Kräfte werblich walten, da kann sich kein Gewinn gestalten.« (Friedrich »Impact« Schiller)

GUINNESS-AUDI

»Der (Erd)ball ist rund – erfuhr Gerhard Plattner. In Rekordzeit umkreiste er unseren Planeten am Steuer eines Audi Coupé S 2. Genau 40 075 Kilometer in exakt 28 Tagen und 16 Stunden. Zehn Tage schneller als je ein Mensch per Auto zuvor. Weltrekord und – natürlich – Eintrag ins Guinness-Buch der Rekorde.«

AutoBILD Nr. 52 vom 22. 12. 1990

1965

AUDI-SICHERHEIT:

Wie in Abrahams Schoß

Wir sind, das wissen wir, von Gefahren umgeben. Bedroht von herabstürzenden Dachziegeln und Meteoriten, von bissigen Hunden, von Blitz, Hagelschlag, Erdbeben, Feuer, Finanzamt. Zum Glück gibt es wenigstens etwas auf der Welt, das uns VOLLKOMMENE SICHERHEIT garantiert, und das ist unser Audi.

Nur ein Audi bietet uns, je nach Modell serienmäßig oder als Extra, neben den selbstverständlichen Gurten und dem Anti-Blockier-System die Audi-eigene Erfindung »procon-ten«, was nach Zehnprotein-Gemüsesaft klingt, aber ein Abkürzungsungetüm aus dem Englischen ist (»programmed contraction and tension«) und im Klartext meint:

»Trifft der Wagen frontal auf ein Hindernis, wird das Lenkrad in Sekundenbruchteilen zur Armaturentafel hin und damit aus dem Gefahrenbereich des Fahrers gezogen. Gleichzeitig werden die vorderen Sicherheitsgurte gestrafft.«

Zusätzlich offeriert Audi einen Airbag, und zwar, einmalig in der gesamten internationalen Automobilindustrie, auf Wunsch in Form eines Audi-Managers – Sportchef Dieter Basche beispielsweise ist ein ganz aparter Prallsack.

Damit nicht genug: Auch für einen Seitenaufprall gibt es den speziellen Audi-Flankenschutz und gegen den bösen Schlupf, der auf allen rutschigen Straßen lauert, hilft der permanente Allradantrieb.

Ein Audi ist mehr als ein Auto; ein Audi ist ein einziger Überlebensbunker (an der Atombombenresistenz wird in Ingolstadt gearbeitet).

Sollten Sie, was eigentlich ausgeschlossen ist, DENNOCH in einem Audi ums Leben kommen, dann in der Gewißheit, daß Sie nirgendwo anders SICHERER gestorben wären.

AUDI-KONKURRENZ:

Engholm und Kohl, Austern und Tränen

Mercedes

Vor Rot sind alle Autos gleich, aber selbst da verliert er nicht diese breitärschige Penetranz. Wir kontern mit Understatement.

BMW

Tut so, als würde er täglich Austern schlürfen und ständig Golfplätze ansteuern. Dabei ist autobahnbekannt, daß es sich um einen Proleten im Smoking handelt. Das schafft Gelassenheit.

VW

Wir sind höflich, wie sich's der Mutter gegenüber ziemt. Aber dieses Outfit . . . nein, eigentlich möchten wir nicht zusammen mit ihr gesehen werden.

Ford/Opel

Audi und Ford/Opel, das ist wie Engholm und Kohl. Man begegnet sich, aber auf einen Reifenkuß kann man verzichten.

Mazda

Ein Japaner, den der Bayer respektiert. Und umgekehrt.

R 4

Überholt ein Audifahrer einen R 4, treten ihm meistens die Tränen in die Augen. Ein R 4 erinnert ihn an die Zeit, als er noch Rotwein von Aldi trank, ein schlechterer Autofahrer und ein besserer Mensch war.

TRAUMHAFT

Ring:	Glück in allen Lebenslagen
Ring in der Nase haben:	Befreiung aus einer Bevormundung
4 Ringe kaufen:	Eine neue Liebe hält Sie in Bann
4 Ringe verschenken:	Eine Eroberung bringt Sinnesfreuden
4 Ringe aus Ärger zerbrechen:	Baldige Trennung von einem Auto, das sich als heimtückisch erwiesen hat
5 Ringe auf Straßenschild:	Zur Olympiade immer geradeaus

Das Audi-Markenzeichen als Traumsymbol. Zitiert nach:
a) »2999 Traumdeutungen nach historischen und modernen Quellen«. *Weltbild Verlag. Augsburg, 1990*
b) »Phytia: Traumdeutung«. *Eden-Verlag. Berlin, o. J.*

AUDI-EROTIK:

Die Karosserie senkt sich aufs Chassis

Audi, steht das nicht, sextechnisch gesehen, für computer-steril gefertigt, anständig lackiert und keusch verzinkt? Jahrelang ist es den geschickten Ingolstädter PR-Leuten gelungen, diese Mär zu verbreiten. Die Kernaussage Gerhard Mirschings in seinem Buch »Audi / Vier Jahrzehnte Ingolstädter Automobilbau« (Bleicher Verlag) heißt hingegen nicht von ungefähr:

»Ein immer wieder faszinierendes Bild: Die Karosserie senkt sich aufs Chassis.«

Für den, der Augen hat und sehen will, treten Audis erotomanische Züge unverhüllt in jedem Modell (was ist zum Beispiel der neue »Avus quattro« anderes als eine Erektion auf vier Rädern?) und in sämtlichen Info-Materialien zutage. Sollte der Prospekt »Stationen des Vorsprungs« nicht ehrlicherweise den Titel »Stationen des Vorspiels« tragen? Ein Prospekt, unter dessen Fotos Texte wie »Hochzeit. Das Triebwerk eines Audi 90 wird eingebaut« (Seite 61) stehen und in dem es auf jeder Seite von eindeutigen Vokabeln nur so wimmelt:

»SchwenkGEHÄNGE«; »HUBZAPFEN«; »TeammitGLIED«; »STEIFIGKEIT«; »DisPOsition«; »DisPOSITION«; »EINFÜHRUNG eines TassenSTÖSSELS«; »STELLENGRÖSSE für die EINSPRITZMENGE«.

Wie kann Mann/Frau sich überhaupt noch in einen Audi setzen, ohne rot zu werden?

AUDI-VIDEO:

»Showdown auf der IAA«

Hartgesottene Audi-Fans müssen, wenn sie abends die Garage abgeschlossen haben, auch im trauten Heim auf Audi nicht verzichten. Die Videocassetten von Audi (für 20 Mark zu beziehen bei »Audi Info-Service« / Steinstraße 11 / 8000 München 80) bieten auch abseits der Straßen volle Audi-Power:

»Colorado Springs/USA: Das Audi-Team bei den Vorbereitungen zu einem der aufregendsten Bergrennen. Spannung vor dem Start am Pikes Peak. Walter Röhrls Siegesfahrt mit dem ca. 600 PS starken Audi Sport quattro S1 auf der 20 km langen Bergstrecke.« (»Pikes Peak Bergrennen 1987« / 16 Minuten / Bestellnummer 004).

»Eine Expedition an die Grenzen der Physik und des physiologisch Machbaren. Beeindruckende Bilder und Beispiele aus dem Rallyesport. Die Betreuung und ärztliche Überwachung der Rennfahrer. Das Beispiel Audi verdeutlicht, wie Mensch und Technik Höchstleistungen erzielen.« (»Grenzbereiche« / 12 Minuten / Bestellnummer 005).

Der Bildschirm-Renner aber heißt »Showdown auf der IAA«:

»Wenn Ferdinand Piëch, der Herr der Ringe, die Kolbenfresser umschnallt, wird es still in den Frankfurter Messehallen. Die Niefers (Mercedes) und von Kuenheims (BMW) verstecken sich feige hinter ihren Sekretärinnen auf der Damentoilette. Nur Kenzo »Katsche« Toyota wagt es, mit seinem neunschwänzigen Keilriemen Piëch entgegenzutreten, und ein schrecklicher Kampf beginnt.« (13 Minuten / Bestellnummer 007).

Dafür lassen wir selbst die »Vom Winde verweht«-Cassette im Regal.

AFFENGEIL

»Mit dem kann ja ein dressierter Schimpanse gewinnen.«

Audi-Weltmeister **Walter Röhrl** über den Urquattro (als er ihn noch nicht fuhr)

AUDI-SCHNICKSCHNACK:

Ein Kinderwunsch wird wahr – permanent im siebten Himmel

Der Name »quattro« hat einen viel zu prickelnden Sound, um damit allein den permanenten Allradantrieb zu schmücken. Und wer weiß, wie lange Autos überhaupt noch zu verkaufen sind. Diversifizieren ist angesagt, für schlechte Zeiten vorsorgen, schnell eine »quattro GmbH« gründen, in Ingolstadt, wo sonst, und das Audi-Geschäft mit quattro-Tinnef blüht. Im Angebot unter anderem:

Für das permanente Angstgefühl: quattro-Brustbeutel (»Technikdesign von Audi«). Fürs permanente Nägelpulen: quattro-Maniküreset (»Nagelschere, Nagelfeile, Pinzette, Nagelreiniger«). Für die permanente Kindsverlade: quattro-Mini Cabrio (»Autofahren. So richtig. Wie Mami oder Papi. Mit Benzinmotor. Mit Gas und Kupplung und Gangschaltung und Bremsen und Blinker und Schweinwerfern. Freundin oder Freund zu 'ner Spritztour einladen. Welches Kind hat sich das noch nicht gewünscht? Ein Kinderwunsch wird wahr. Im Auftrag von Audi hat der Kinderauto-Spezialist Alpha ein im wesentlichen maßstabsgetreu dem Audi Cabriolet nachempfundenes, fahrtüchtiges Mini-Cabrio entwickelt. Echt stark: Der Einzylinder-Viertakt-Motor hat 83 ccm Hubraum und leistet 2 PS. Höchstgeschwindigkeit 25 km/h. Das Mini-Cabrio ist in sechs schicken Farben erhältlich.«)

Der permanente Reibach sei Audi gegönnt. Was wir aber im Sortiment der quattro GmbH schmerzlich vermissen und wofür auch wir eine Zahlkarte ausfüllen würden (aufgepaßt, Audi!):

Permanente Kraftstoffspender (quattro-Petrol);
permanente Geldscheißer (quattro-Knete);
permanent im siebten Himmel (quattro-Nirwana).

Audi: Produzieren!

Danke.

AUDI-ZUSATZNUTZEN:

Leben nach dem Tode

Es kommt der Tag, an dem selbst einem Audi die Puste ausgeht. Das heißt aber noch lange nicht, daß er reif für den Schrottplatz ist. Erst wenn ein Audi nicht mehr fährt, können Audi-Kunden beweisen, daß sie zu den ausgebufftesten, originellsten und phantasievollsten Autoleichenverwendern gehören.

Clevere Kleriker gestalten den V 8 als Beichtstuhl und gewinnen dadurch ganz neue Kunden. Wie gut macht sich ein umgebauter Avant als vollverzinkte Badewanne! Ein Cabrio als rasanter Kinderwagen! Ein Coupé als Hundehütte! Ein Audi 200 als Wasserbett! Neidische, bewundernde Blicke der Mercedes- und BMW-Nachbarn sind Ihnen sicher.

IN GEDENKEN
AN DIE TREUE UND
DIE SCHNELLEN
STUNDEN
1972-1983

Audi-Anekdoten und -Fabeln

Intimes und Impertinentes unter dem Zeichen der vier Ringe

»Eine Sammlung von Anekdoten und Maximen ist für den Weltmann der größte Schatz, wenn er die ersten an schicklichen Orten ins Gespräch einzustreuen, der letzten im treffenden Falle sich zu erinnern weiß.«

Johann Wolfgang von Goethe

»Vater aller Autos«, sagte der Audi 80 und näherte sich dem Throne des Gottes KAT, »man sagt, ich sei eines der schönsten Geschöpfe, womit du die Straßen gezieret, und meine Eigenliebe heißt es mich glauben. Aber sollte gleichwohl nicht noch Verschiedenes an mir zu bessern sein?«

»Und was meinst du, das an dir zu bessern sei?« sprach der gute KAT und lächelte mild.

»Vielleicht«, meinte der Audi 80, »wäre ich mit höheren und schmaleren Reifen schneller und mit einer eckigeren Karosserie noch ansehnlicher.«

»Gut«, versetzte KAT, »gedulde dich einen Augenblick.«

KAT sprach die Zauberformel. Da quoll Blech in den Staub, da verband sich organisierter Stoff, und plötzlich stand vor dem Throne – der Lada Nova junior.

Der Audi 80 schauderte und vibrierte vor Abscheu.

»Hier sind höhere und schmalere Reifen«, sprach KAT, »hier ist eine eckige Karosserie. Willst du, Audi 80, daß ich dich so umbilden soll?«

Der Audi 80 ließ vor Entsetzen ein paar Öltropfen fallen.

»Dieses Mal«, ergänzte KAT, »sei belehrt, ohne bestraft zu werden. Dich deiner Vermessenheit aber dann und wann reuend zu erinnern, so daure du fort, neues Geschöpf« – KAT warf einen Blick auf den Lada Nova junior –, »und der Audi 80 fahre nie an dir vorbei, ohne zu schaudern.«

*

Ein Ingolstädter Prälat machte Ferdinand Piëch Vorhaltungen über seinen lockeren Lebenswandel. Als Firmenchef müsse er ein Wegweiser für seine Angestellten sein. »Sicher«, gab Piëch zu, »aber haben Sie schon einmal einen Wegweiser gesehen, der den Weg geht, den er weist?«

*

»Für Zündstoff unter den Familienstämmen Porsche und Piëch sorgte vor allem das Liebesleben von Ferdinand Piëch, im Hauptberuf Audi-Chef. Er spannte einem Mitglied des Porsche-Clans die Ehefrau aus, zeugte mit ihr zwei Kinder und verließ sie anschließend mit dem Kindermädchen.«

Der Spiegel, 6/92 v. 3. 2. 1992

Eines Tages ließ Piëch einen Herrn aus dem Wolfsburger VW-Vorstand besonders lange im Vorzimmer warten. Als er ihn endlich zu sich rief, entschuldigte sich Piëch: Er habe einen Schüttelfrostanfall gehabt. »Ich habe den Schüttelfrost eben durch die Tür kommen sehen«, sagte der VW-Mann, »er hatte ein grünes Kleid an.«

*

Bei einem Lobby-Besuch in Bonn sah Ferdinand Piëch (der seine Brille in Ingolstadt vergessen hatte) in den abgedunkelten Gängen des FDP-Hauptquartiers eine Gestalt, die vor einem Aktenschrank stand. Er hielt sie für eine der zahlreichen ihm bekannten Sekretärinnen und streichelte zärtlich ihre rückwärtigen Rundungen. Die Person drehte sich empört um: Es war Alexander von Stahl. Piëch sank auf die Knie und seufzte: »Wenn Ihr Herz, Herr Generalbundesanwalt, ebenso hart ist wie Ihr Hintern, bin ich ein verlorener Mann.«

*

Während einer weiteren Lobby-Fahrt hatte sich Piëchs Chauffeur in Bonn verfahren. Der Chauffeur sprach einen Passanten an und fragte ihn, ob er ihnen sagen könne, wo sie sich befänden. »In einem Audi«, antwortete der Gefragte und ging weiter. »Das war eine echte Bundestags-Antwort«, sagte Piëch voller Bewunderung. »Erstens war sie unverschämt. Zweitens war sie völlig überflüssig und drittens enthielt sie nichts, was der Frager nicht schon wußte.«

*

Seiner geistreichen Bemerkungen wegen ist VW-Vorstand Daniel Goeudevert in der ganzen Autobranche berühmt, seiner spitzen Zunge wegen aber auch gefürchtet. Als Ferdinand Piëch in Ingolstadt erfuhr, daß Goeudevert an einer Vergiftung erkrankt war, deren Ursache die Ärzte nicht finden konnten, meinte er: »Dabei liegt sie doch klar zutage; Goeudevert hat sich in die Zunge gebissen.«

*

Während einer Vorstandssitzung in Wolfsburg brillierte Goeudevert, wie stets, mit spöttischen Reden. Der anwesende Piëch fühlte sich auf den Arm genommen und beschloß, ihn zurechtzuweisen. Er sei unverschämt, sagte Piëch zu Goeudevert. Wenn er neben ihm säße, hätte er ihm schon längst eine Ohrfeige gegeben. Goeudevert möge sich also als geohrfeigt betrachten. »Ich habe einen Zahnstocher in der Tasche«, erwiderte Goeudevert. »Säße ich neben Ihnen, würde ich Sie mit ihm erstechen. Betrachten Sie sich also als tot.«

*

Als Hans-Joachim Stuck einmal bei Piëch eingeladen war und ihn dessen Kinder an der Hose zerrten und mit Gummibärchen bewarfen, sagte Stuck in gewohnter Offenheit: »Chef, Sie machen wirklich bessere Autos als Kinder.« Piëch erwiderte: »Letzteres tue ich eben im Dunkeln.«

*

Auf Wunsch seiner Eltern sollte Walter Röhrl eigentlich Deutschlehrer werden. Er studierte Germanistik in München, aber bei der mündlichen Prüfung hielt er Nestroy für eine Storchenart und fiel durch. Als Jahre später bei einem Empfang der Bundespräsident sagte, er habe gehört, Röhrl sei früher einmal Germanistikstudent gewesen, antwortete der Audi-Rallyefahrer: »Gewiß, Herr Bundespräsident, und wenn Nestroy ein Storch gewesen wäre, wäre ich heute Oberstudienrat.«

*

Am Meer fragte Röhrl seinen Teamkollegen Stuck, ob Fisch gut für das Gehirn sei. »Klar«, sagte Stuck, »Fisch ist wegen seines Phosphorgehalts besonders gut für das Gehirn. Alles, was du derzeit benötigst, dürften zwei Walfische sein.«

*

Beim Starkbieranstich beugt sich der stark angeheiterte Röhrl über den Tisch und fährt Stuck leicht über den Kopf, dort, wo er ziemlich weich und kahl ist. »Fühlt sich an wie der Busen meiner Frau«, kichert Röhrl. Darauf streicht sich Stuck selbst über die kahle Stelle: »Stimmt, da hast' recht.«

*

Stuck war bei Geizhals Röhrl zu Gast. Röhrl hatte gekocht. Stuck stierte auf sein Stück Fleisch. Nach fünf Minuten hielt es Röhrl nicht mehr aus. »Nun iß doch dein Fleisch, Striezel!« »Ist zu heiß.« »Dann puste doch!« »Geht nicht. Dann fliegt's weg.«

Während einer Rallye-Pause steigt Röhrl einer Schönen nach. Strahlend kommt er zurück. »Erfolg gehabt?« fragt Stuck. »Super. Rendezvous schon heute abend. Soll ihr im Mondschein begegnen.«

*

In München lernte Walter Röhrl einen Heimatdichter kennen. Der Dichter war ein ähnlicher Sonderling wie Röhrl. Beide besuchten regelmäßig die Beizen der Münchner Innenstadt, wo sie schweigend beieinandersaßen. Hans-Joachim Stuck fragte einen Mitarbeiter der Süddeutschen Zeitung, was beide wohl veranlasse, ständig miteinander zu schweigen. »Ihr schlechtes Gewissen«, sagte der Journalist. »Röhrl bringt wie Sie die Natur mit dem Auto um. Und der andere tut es mit Versen.«

*

Ein Mann starb und kam ins Paradies. Dort gefiel es ihm recht gut. Eines Tages erblickte er einen Ochsen, ein Kamel, einen Widder und einen Audi, die friedlich herumstanden. Er ging zu ihnen, um sie zu fragen, welch gutes Werk sie getan hätten, um ins Paradies zu gelangen.

Der Ochse sprach: »Ich bin Adams Ochse, der seinen Pflug gezogen hat.«

Das Kamel erwiderte: »Ich bin Mohammeds Kamel, auf dem er von Mekka nach Medina ritt.«

Der Widder sagte: »Ich bin der Widder, den Abraham an Isaaks Stelle opferte.«

Der Audi berichtete: »Ich bin das Auto, das fünf Jahre lang Erzbischof Dyba auf dem Rücksitz ertragen hat.«

*

Ein Audi ging einmal zu einem Mercedes und fragte ihn: »Was hast du bloß getankt, um sooo groß zu werden?«

»Weil du's bist«, antwortete gutmütig der Mercedes, »will ich dir von dem Zauberkraftstoff holen. Ich gebe dir jeden Tag ein paar Schluck, und du wirst auch so groß werden wie ich.«

Er holte einen gefüllten Kanister, aber er verriet natürlich nicht, woher er ihn hatte. Von nun an trank der Audi täglich davon, und es dauerte nicht lange, da begann er wirklich zu wachsen. »Aha«, dachte er, »bald werde ich so groß sein wie der Mercedes.« Er wurde so hochnäsig, daß er mit keinem anderen Auto mehr sprach.

Eines Abends war er in eine Großgarage gefahren. Er wollte so tun, als wäre er schon ein mächtiges Auto und ließ den Motor aufheulen, daß jedes Auto furchtsam einen großen Bogen um ihn machte.

Da fuhr der Mercedes draußen vorbei. »Nanu, wer ist denn in der Garage?« rief er erstaunt, als er den Lärm hörte.

Der Audi hupte stolz: »Der hier ist, ist größer als ein Mercedes.« »Oho«, hupte der Mercedes zurück, »da muß ich doch einmal nachsehen!«

Er fuhr in die Garage und erblickte den Audi.

»So, so«, sagte er, »da haben wir's! Ich helfe dir, damit du wachsen sollst, und kaum hast du ein bißchen zugenommen, spielst du dich auf und sagst gar, du seist größer als ich. Ich werde dir den Zauberkraftstoff nicht mehr bringen, und zur Strafe sollst du so bleiben, wie du jetzt gerade bist.«

Deshalb besitzt der Audi fast die Schnauze eines Mercedes und hat gerade angefangen, groß wie er zu werden. Aber dabei ist es geblieben. Und manchmal nimmt er immer noch Mercedes-Allüren an.

*

Ein Audifahrer fragte einmal seinen Beichtvater: »Braucht ein Audifahrer auch Moral?« Der Beichtvater antwortete: »Aber selbstverständlich! Ohne Moral kommt er nicht aus. Intuitiv erkennt er, wo eine Parklücke ist: das ist seine Größe; er muß wissen, ob er reinpaßt oder nicht: das ist seine Weisheit; er muß zuerst hinein: das ist sein Mut; er muß Dellen und Schrammen an die links und rechts neben ihm Parkenden gleichmäßig verteilen: das ist seine Güte. Es ist vollkommen ausgeschlossen, daß ein Audifahrer, der es auch nur an einer dieser vier Tugenden fehlen läßt, ein großer Audifahrer wird.«

1965

AUDI-SUCHT:

Geständnisse eines vorbildlich Abhängigen

»Und die Treue, sie ist doch kein leerer Wahn.«
Friedrich Schiller

Audi und ich, das ist eine lange Beziehungskiste:

Hatte ich als noch nicht ganz sprechfertiger Knabe etwas ausgefressen, fuhr ich meinen Schlechtesgewissenfinger in Richtung der kleinen Schwester aus und brüllte: »Audi!«, was meinte: »Hau die!«

In der Schule trug ich ein T-Shirt mit den fünf olympischen Ringen, von denen ich einen herausgeschnitten hatte.

Als andere Kinder Lokomotivführer werden wollten, war mein Berufswunsch Auditor.

Auf der Uni nannten mich die Kommilitonen Audi-Max.

Mein Büroschreibtisch hat die Form eines V 8.

In mein Bett ist das »procon-ten«-System eingebaut.

Auf der Brust über meinem Herz sind vier Ringe tätowiert.

Meine Haare sind gefärbt, wie mein Coupé S 2 lackiert ist (Gletscher metallic).

Als ich zum erstenmal von Ferdinand Piëch hörte, machte ich aus meinem gewöhnlichen Vornamen-e ein Piëchsches Turbo-e: Diëter.

Den Urlaub verbringe ich in Ingolstadt oder Neckarsulm, ersatzweise in O-7221 Audigast oder in Audierne in der Bretagne.

Die Theaterstücke des Schriftstellers Jacques Audiberti kenne ich fast alle auswendig.

Ich liebe den Saudi und den Rowdy, denn sie reimen sich auf Audi.

Mein Pferd habe ich Röhrl getauft, den Hund Stuck.

Vor zwei Jahren gründete ich einen Audi-Club. Es gibt, mich eingeschlossen, vier eingeschriebene Mitglieder. Wir treffen uns jeden Donnerstag. Was wir machen? Wir bereiten die Gründung einer Audi-Partei vor (APD). Oder wir dichten: Sitzt im quattro Hugo Müller, hängt er ab die Müller-Killer. Oder wir formulieren Eingaben an das Stadtparlament, damit die Straße, in der sich das Clubheim befindet, endlich in Audi-Allee umbenannt wird, oder wenigstens in Vier-Ringe-Gasse. Manchmal knicken wir Mercedessterne oder denken uns effektvolle Beschimpfungen aus (FIAT = Fährt immer absolut trottelig; BMW = Bayer mit Würmern etc.).

Wenn ich vom Audi-Club zurückkomme, überfällt mich die Après-Club-Leere. Ich gehe in die Garage und setze mich in meinen Audi. Ich starre auf das lederbezogene Dreispeichen-Sportlenkrad. Große quattro-Melancholie umhüllt mich, umhüllt den Wagen, umhüllt die Garage, das Haus, die Hundehütte, die Pferdekoppel. Stuck jault leise, und Röhrl wiehert gedämpft.

Ich warte, bis jemand ins Haus will. Sofort hellen sich meine Sinne auf. Die Klingel macht: Ring – Ring – Ring – Ring.

AUDI-ZUKUNFT:

Hoch in die Lüfte; zurück zu den Wurzeln

1997

Boris Becker sattelt um und wird Rennfahrer.

1998

Audi steigt ein in die Formel 1 und nimmt Becker unter Vertrag.

2000

Boris »Brumm Brumm« Becker wird mit einem Audi-Boliden Formel-1-Weltmeister.

2001

Steffi Graf sattelt um und wird Stewardeß.

2005

Die Straßen sind endgültig verstopft. Autokalypse. Audi gründet die Luftfahrtgesellschaft »Audi Air« und nimmt Steffi Graf unter Vertrag.

2010

Am Himmel geht nichts mehr. Audikalypse.

2011

Audi besinnt sich auf seine Herkunft, nennt sich wieder »Horch AG«, zieht um nach Zwickau und verkauft Hörgeräte.

Es soll Leute geben,

die nicht auf Audi schwören

Für diese unbelehrbaren Zeitgenossen gibt es das hier abgebildete Buch – ein ideales Geschenk für Ford-Opfer